Strategiewandel in einem Beispielunternehmen. Change-Management, Strategieimplementierung und Balanced Scorecard

GRIN

Bibliografische Information der Deutschen Nationalbibliothek:

Die Deutsche Nationalbibliothek verzeichnet diese Publikation in der Deutschen Nationalbibliografie; detaillierte bibliografische Daten sind im Internet über http://dnb.d-nb.de abrufbar.

ISBN: 9783346631886
Dieses Buch ist auch als E-Book erhältlich.

Druck und Bindung: Books on Demand GmbH, Norderstedt Germany
Gedruckt auf säurefreiem Papier aus verantwortungsvollen Quellen

Das vorliegende Werk wurde sorgfältig erarbeitet. Dennoch übernehmen Autoren und Verlag für die Richtigkeit von Angaben, Hinweisen, Links und Ratschlägen sowie eventuelle Druckfehler keine Haftung.

Das Buch bei GRIN: https://www.grin.com/document/1190684

Deutsche Hochschule für
Prävention und Gesundheitsmanagement
Hermann-Neuberger-Sportschule 3
66123 Saarbrücken

Hausarbeit

Studiengang	Prävention und Gesundheitsmanagement
Studienmodul	Strategische Unternehmensführung 2
Datum Präsenzphase (siehe Ergebnisdokumentation)	06.12.-08.12.2021
Aufgabe	Der Strategische Wandel bei der Gesundheits- und Medizintechnik AG

Inhaltsverzeichnis

1 Bodo Müllers Plan

Die Gesundheits- und Medizintechnik AG ist ein österreichisches Unternehmen, welches weltweit zu den größten und bedeutendsten Lieferanten der Gesundheitsindustrie zählt. Sie ist führend in den Bereichen hochentwickelter diagnostischer Bildgebungssysteme, Molekular- und In-vitro-Immundiagnostik, und in IT-Systemen für den Gesundheitsbereich. Ihr Marktanteil liegt bei ca. 30 % in den wichtigsten Produktkategorien und sie genießt einen sehr guten Ruf aufgrund der hervorragenden Produktqualität, was eine breite Kundenbasis zur Folge hat. Es ist ein Unternehmen mit einer sehr ausgeprägten Unternehmenskultur. Die Gesundheits- und Medizintechnik AG ist in einer Matrixorganisation aufgestellt, die in sieben unabhängige Unternehmenseinheiten mit individueller Ergebnisverantwortung unterteilt ist. Die Bereiche Verkauf und Service werden im Gegensatz dazu nach geographischen Gesichtspunkten organisiert. Bodo Müller ist der Marketing-Direktor der Abteilung Vertrieb der Gesundheits- und Medizintechnik AG in Deutschland und hat beobachtet das sich der Markt und die Kunden in ihrem Verhalten ändern. Daraus ergibt sich für ihn ein dringender Handlungsbedarf für die Gesundheits- und Medizintechnik AG, um am Markt weiter bestehend zu können. In den folgenden Punkten wird erläutert, welche Gründe für den Wandel stehen, den er initiieren will, welche Aspekte er für den Strategiewandel sieht und welche Barrieren bzw. Widerstände diesem entgegenstehen.

1.1 Gründe für Wandel

> „Wenn der Wind der Veränderung weht, bauen die einen Manager Windmühlen
> und die anderen Mauern" (chinesisches Sprichwort)

Laut Lauer (2019) gibt es externe und interne Ursachen, die einen Unternehmenswandel notwendig machen. „Extern stehen Unternehmen einer zunehmend dynamischen Umwelt gegenüber, die eine ständige Anpassung der eigenen Strukturen erfordert, […]. Der externe Wandel wird dabei durch das Marktumfeld, Politik, Technologie, Ökologie, Gesamtwirtschaft oder Institutionen verursacht, als auch in den Märkten selbst, etwa durch zunehmenden Wettbewerb" (S. 13). Interne Ursachen für den Wandel eines Unternehmens liegen darin begründet, dass diese sich im Laufe der Zeit durch Entwicklungsprozesse verändern müssen, um Krisen zu überwinden, die nicht auf äußeren Einflüssen beruhen, sondern durch das eigene Unternehmenswachstum entstehen (Lauer, 2019, S. 23).

Die Gründe, die Bodo Müller für einen Wandel im Unternehmen sieht, sind folgende:

- Trotz der Tatsache, dass Deutschland den drittgrößten Markt für medizinische Geräte aufweist, sind die Wachstumsraten sehr niedrig. Begründet ist dies durch politische Entscheidungen, einer weiteren Erhöhung der Gesundheitsausgaben entgegenzuwirken, das hohe Ausgabenniveau im Segment medizinische Geräte, das niedrige Bruttoinlandsprodukt (BIP)- Wachstum sowie das geringe Bevölkerungswachstum.

- Aufgrund zahlreicher Veränderungen wird für Krankenhäuser neben der Qualität der medizinischen Versorgung ein wirtschaftlich und ökonomisch effizientes Handeln immer wichtiger. Aufgrund der niedrigen staatlichen Finanzierung der Krankenhäuser in den vergangenen Jahren werden bestehende Geräte eher instandgehalten als in neue Geräte investiert.

- Eine grundlegende Verlagerung des Kaufverhaltens und der Entscheidungsfindung bei der Anschaffung medizinischer Geräte ist in den vergangenen Jahren ebenfalls zu beobachten. Früher war diese Aufgabe den Krankenhausärzten vorbehalten. Heutzutage übernimmt vielmehr die Einkaufsabteilung im Rahmen des Einkaufsprozesses die Entscheidung darüber was gekauft wird und achten dabei eher auf ökonomische Beweggründe.

Alle genannten Gründe für einen Wandel der Marketingstrategie der Gesundheits- und Medizintechnik AG sind dem zufolge begründet durch externe Ursachen.

1.2 Aspekte des Strategiewandels

Bodo Müllers Plan sieht verschiedene Aspekte vor, die zum Strategiewandel notwendig sind. Die Marketingstrategie der Gesundheits- und Medizintechnik AG soll sich hinsichtlich ihrer Adressaten umorientieren, da sich das Kaufverhalten verändert hat. Die Bedürfnisse werden nicht länger an den Krankenhausärzten bemessen, sondern sollen nun an das C-Level adressiert sein. Das C-Level „beschreibt hochrangige Führungstitel innerhalb einer Organisation. C steht in diesem Zusammenhang für Chief. Das sind z. B. neben der oft höchsten Instanz, dem Präsidenten einer Firma, dem Vorstandsvorsitzenden, dem CEO (Chief Executive Officer), der CCO (Chief Compliance Officer), […]. Manager, die C -Level-Positionen innehaben, sind in der Regel die mächtigsten und einflussreichsten Mitglieder einer Organisation, […]" (Rauch, 2016, S. 172). Diese Umorientierung ist jedoch nicht in den einzelnen Unternehmenseinheiten möglich, sondern umfasst alle Produktlinien gemeinsam und stellt einen wichtigen Aspekt im Wandel des Unternehmens dar. Bodo Müller muss die Marketing- Vizepräsidenten davon überzeugen ihre Strategien anzupassen und einen Anteil ihres Budgets in das C-Level Marketing zu investieren. Neben diesem Gesichtspunkt soll außerdem in der Produktion umgedacht werden, um ganzheitliche Lösungen zu liefern und damit die allgemeine Effizienz im Krankenhaus zu verbessern. Außerdem ist es aus Bodo Müllers Sicht wichtig auch im Service umzudenken, um die Kundenzufriedenheit durch gezielte Kommunikation zu verbessern und das Bestehen am Markt sicherzustellen.

1.3 Barrieren und Widerstände

Das Scheitern im Zuge eines Strategiewandels ist keine Seltenheit und in erster Linie zurückzuführen auf Widerstände, die durch die Mitarbeiter im Unternehmen entstehen (Lauer, 2019, S. 49). Laut Lauer (2019, S.53) existieren erklärungs- und nichterklärungsbedürftige Widerstände, wobei offensichtliche Änderungen wie zum Beispiel Entlassungen oder Gehaltskürzung eher keine weitere Erklärung erfordern. Eine wesentlich wichtigere Rolle spielen dabei für das Change-Management die Widerstände, die einer Erklärung bedürfen, da die Ursache nicht in offensichtlichen Nachteilen liegt, sondern einer genaueren Betrachtung oft auch im Psychologischen Bereich notwendig macht. Drei ursächliche Aspekte dafür sind ein generelles Ablehnen des zunächst Fremden, das Phänomen der Reaktanz und Kommunikative Missverständnisse, wobei diese eine sehr bedeutsame Ursache für Probleme und Widerstände im Prozess des Wandels darstellen. Die Kommunikation als solche ist stark geprägt von Missverständnissen durch fehlerhaftes Aufnehmen der Botschaften zwischen Sender und Empfänger. Meist spielt dabei die Beziehungsebene zwischen Beiden Parteien eine große Rolle und kann zu Verständigungsproblemen führen. Schulz van Thun hat dafür das Vier-Ohren-Modell entwickelt und zeigt damit anschaulich, dass wir Kommunikation unterschiedlich aufnehmen und entsprechend reagieren (Lauer, 2019, S. 54-55). Auftretende Widerstände können aber nicht nur auf Grund ihres Erklärungsbedarfes unterschieden werden, sondern auch auf Grund dessen, wie sie sich äußern bzw. zu Tage treten. Dabei wird in Anlehnung an Doppler und Lauterburg in die Dimensionen aktiv und passiv sowie verbal und nonverbal unterschieden (Lauer, 2019, S. 55). Daraus resultieren vier verschiedene Erscheinungsformen von Widerständen.

Widerspruch (aktiv-verbal):

In dieser Dimension kommt es zu meist direktem verbalen Widerstand. Er kann in Form von Gegenargumenten, Vorwürfen bis hin zu Drohungen alles beinhalten (Lauer, 2019, S. 56). Dieser könnte seitens der Marketing-Vizepräsidenten durch Argumente erfolgen, die ihrer Auffassung nach gegen einen Strategiewandel sprechen oder in Form von Vorwürfen, dass er das bestehende Unternehmen mit seinen Strukturen nicht schätzt.

Aufregung (aktiv- nonverbal):

Hierbei tritt ein aktiver nonverbaler Widerstand auf. Dieser macht sich darin bemerkbar, dass die Initiatoren des Wandels zwar bemerken, dass im Betriebsklima etwas nicht stimmt, sich etwas verändert hat, jedoch keine Information darüber erhalten wen es betrifft oder was der Grund dafür ist (Lauer, 2019, S. 56). Die Vizepräsidenten könnten Unruhen in der Managerebene und in den unteren Hierarchieebenen erreichen, indem sie Gerüchte streuen, dass der Wandel mit einer Machtumverteilung in Begleitung eventueller Kündigungen einher geht.

Ausweichen (passiv- verbal):

Dabei erfolgt ein verbaler indirekter Widerstand, der sich dadurch zeigt, dass er sich nur indirekt auf die eigentlichen Gegenstände des Geschehens bezieht. Typisch für diese Form ist es diese ins Lächerliche zu ziehen oder zu bagatellisieren. Plötzlich werden unwichtige Sachen wichtig und debattiert, sie werden in den Vordergrund gerückt, um das eigentliche Thema zu verdrängen (Lauer, 2019, S. 56). Dieses Beschäftigen mit etwas Anderem, was plötzlich wichtiger ist, wird im späteren Verlauf deutlich, da die Vizepräsidenten nun der Meinung waren andere Themen hätten erst einmal Vorrang.

Lustlosigkeit (passiv- nonverbal)

Die Lustlosigkeit als Variante des Widerstandes ist die wichtigste und am deutlichsten wahrnehmbare, da sie sichtbar ist. Ihr nonverbales Auftreten wird durch Passivität gezeigt. Doch wie Watzlawick schon feststellte, kann man nicht nicht kommunizieren (Lauer, 2019, S. 56). Deutlich wird die Lustlosigkeit in Bodo Müllers Fall dadurch, dass zu seiner Kick-Off Veranstaltung nur die Hälfte der Teilnehmer erschienen sind, die ursprünglich eingeladen wurden und zugesagt hatten. Es wurden außerdem Entschuldigungen für das Fernbleiben vorgebracht, die eher darauf zurückzuführen sind, dass das Thema keinen hohen Stellenwert einnimmt und er in seiner Argumentation nicht überzeugen konnte.

2 Change-Management

„Change ist kein Selbstzweck. Die Fähigkeit zur Veränderung ist eine wesentliche Voraussetzung für die langfristige Wettbewerbsfähigkeit des Unternehmens geworden. Langfristig erfolgreich bleiben Unternehmen nur dann, wenn Sie wie ihre Umwelt in Bewegung bleiben, sich immer wieder erfolgreich verändern" (Niermann & Schmutte, 2017, S. 83). Sie müssen sich immer wieder neu erfinden bzw. kleinere Veränderungen vornehmen. Das war auch der Grund für Bodo Müller in seinem Unternehmen einen Strukturwandel anzustreben. Im folgenden Kapitel werden die Gründe für sein Scheitern und die Möglichkeiten, wie er die Veränderungen hätte meistern können aufgezeigt.

2.1 Gründe für Scheitern

Der Hauptgrund für das Scheitern von Change-Management ist der Mensch. Sie mögen von Natur aus keinen Veränderungen und können sich nur schwer aus ihrer Bequemlichkeit des Bestehenden lösen. Sie scheuen das Risiko von Veränderungen und fürchten Kontrollverlust und eventuelle Statuseinbußen (Niermann & Schmutte, 2017, S. 85). Auch Bodo Müller ist es nicht gelungen seinen Plan gemäß seinen Vorstellungen umzusetzen. Mit Hilfe von Kotters 8-Stufen Modell sollen die Gründe dargestellt werden, weshalb der Wandel gescheitert ist und welche Faktoren bzw. Fehler dabei eine Rolle spielen. Passend dazu zeigt er auf mit welchen Maßnahmen ein erfolgreicher Veränderungsprozess gelingen kann (Muchna, 2019, S. 25). Laut Kotters Annahmen muss ein Unternehmen diese acht Stufen, die in Tabelle 1 dargestellt sind, nacheinander durchlaufen, um einen erfolgreichen Veränderungsprozess zu erzielen (Niermann & Schmutte, 2017, S. 89). In Bodo Müllers Fall haben die Fehler 1 bis 4 zum Scheitern seines Plans geführt. Damit ist er über die Phase des `Unfreezing` nach Lewin nicht hinausgekommen, in der bereits bestehende Strukturen und Vorgänge in einem Unternehmen in Frage gestellt werden, dessen Wirkung und Alternativen besprochen und im besten Fall das Ergebnis dazu führt eine Veränderung herbeizuführen (Niermann & Schmutte, 2017, S. 77).

Tabelle 1: 8 Stufen-Modell modifiziert nach Kotter (Niermann & Schmutte, 2017, S. 88 ff.)

Faktoren für das Scheitern		Veränderung meistern
Selbstgefälligkeit	**Stufe 1**	Ein Gefühl für Dringlichkeit erzeugen
Keine schlagkräftige Führungskoalition	**Stufe 2**	Eine Führungskoalition aufbauen
Eine sinnvolle Vision fehlt	**Stufe 3**	Vision und Strategie entwickeln
Vision bzw. das Ziel der Veränderung nicht deutlich kommuniziert	**Stufe 4**	Die Vision des Wandels kommunizieren
Hindernisse zulassen	**Stufe 5**	Mitarbeiter auf breiter Basis befähigen
Fehlende schnelle Erfolgserlebnisse	**Stufe 6**	Schnelle Erfolge erzielen
Den Sieg zu früh erklärt	**Stufe 7**	Erfolge konsolidieren und weitere Veränderungen einleiten
Die Veränderungen nicht fest in der Unternehmenskultur verankert	**Stufe 8**	Neue Ansätze in der Kultur verankern

1. Grund: Selbstgefälligkeit

Bodo Müller präsentierte beim vierteljährlichen Treffen des Marketing Boards auf einer sehr sachlichen Ebene harte, klare und überzeugende Fakten und Zahlen, die die Notwendigkeit etwas zu unternehmen klar machen sollten. Dennoch nahm im Ergebnis das Thema keinen hohen Stellenwert bei den Marketing-Vizepräsidenten ein und keiner war bereit ein Extra-Budget dafür bereit zu stellen. Es wurde schlicht weg für nicht wichtig erachtet (Kotter, 2015, S. 89).

2. Grund: keine schlagkräftige Führungskoalition

„Teile der obersten Führungsmannschaft stehen nicht voll hinter der Sache, schwache Komitees bleiben uneffektiv, die Manager sind keine echten Leader des Wandels und gegensteuernde Kräfte untergraben zunehmend die Veränderungsmaßnahmen" (Niermann & Schmutte, 2017, S. 88). Genau diese Punkte sind auch bei Bodo Müllers Plan eingetreten. Die Marketing-Vizepräsidenten haben drei Monate später beim nächsten Marketing-Board deutlich gemacht, das andere Themen Vorrang haben. Zudem wurde eine umfassende Kostensenkungsinitiative in Verbindung mit einer Kürzung des Marketingbudgets eingeleitet, was sein Vorhaben endgültig zerstörte.

3. Grund: Eine sinnvolle Vision fehlt

Bodo Müller ist es auf Grund seiner zu starken Fakten- und Zahlenlast in der Präsentation während des Manager-Boards nicht gelungen eine überzeugende Vision und Zielvorstellungen zu erwecken. Er war in seiner Idee zu sachlich und konnte keinen Anreiz für Inspirationen setzten sich mit dem Thema des Strategiewandels auseinander zu setzten und den langfristigen Nutzen darin zu sehen (Niermann & Schmutte, 2017, S. 88).

4. Grund: Vision bzw. das Ziel der Veränderung nicht deutlich kommuniziert

Da Bodo Müller für seinen Plan keine klare Vision entwickelt hatte, konnte er in seiner Präsentation diese nicht kommunizieren. Dadurch ist es ihm nicht gelungen die Vizepräsidenten zu gewinnen und vom Nutzen zu überzeugen (Niermann & Schmutte, 2017, S. 88).

2.2 Veränderungen meistern

1. Ein Gefühl der Dringlichkeit für eine bedeutende Chance schaffen

Bodo Müller hätte, um ein Gefühl der Dringlichkeit zu schaffen, die Führungskräfte und Mitarbeiter dazu bringen müssen zu verstehen, warum die Veränderungen notwendig sind, damit sie sich motiviert fühlen dafür die Energie aufzubringen und darin zu investieren (Niermann & Schmutte, 2017, S. 89). Hätten sie den Wandel als Chance für das Unternehmen verstanden sich am Markt neu positionieren zu können und damit lukrativer zu sein, wären die Marketing-Vizepräsidenten sicherlich zugänglicher gewesen.

2. Eine lenkende Koalition aufbauen und pflegen

Bodo Müller hat sich als Alleinkämpfer aufgestellt, konnte damit jedoch keine Erfolge erzielen. Er hätte sich andere Mitarbeiter und auch Manager aus verschiedenen Hierarchien suchen müssen, die sich auf spezielle Themen verstehen und entsprechende Kompetenzen besitzen dies zu verdeutlichen, um daraus eine Koalition zu bilden. Diese Koalitionsmitglieder sollten gleichberechtigt auftreten und in ihren Betrachtungen die Organisation sowohl intern wie auch extern beurteilen (Kotter, 2015, S. 89).

3. Eine Strategische Vision formulieren und Change-Initiativen entwickeln

In diesem Schritt hätte die Koalition, insofern es eine gegeben hätte, konkrete Ziele festlegen müssen und die Richtung angeben, wo es hin gehen soll. Es müssten neue klare Strukturen geschaffen und die Führungskultur gestärkt werden. Dazu gehört es auch die

Unternehmensprozesse zu beleuchten und gegebenenfalls zu optimieren (Niermann & Schmutte, 2017, S. 90).

4. Die Vision und die Strategie kommunizieren, um Unterstützung und Freiwillige zu gewinnen

Der Kommunikation wird im Change-Management ein hoher Stellenwert eingeräumt. Dies wird auch in der Verwirklichung von Bodo Müllers Plan deutlich. Er muss es schaffen, dass seine Botschaft für die Veränderung im Unternehmen bei seinen Mitarbeitern und den Marketing-Vizepräsidenten auch wirklich ankommt und sie überzeugt davon sind, dass es richtig und sinnvoll ist so zu handeln. Dafür kann er sich nicht nur auf die reinen Fakten und Zahlen verlassen, sondern muss Emotionen wecken, zum Beispiel auf Basis von Erfahrungsberichten spezialisierter Unternehmen für diesen Themenbereich. Sie könnten ihm helfen überzeugende Argumente zu verdeutlichen und die Motivation zu wecken etwas zu verändern (Niermann & Schmutte, 2017, S. 90).

5. Hindernisse beseitigen, um schnelleres Vorankommen zu ermöglichen

Hindernisse und Widerstände sollen erkannt und Lösungen dafür gefunden werden, um den Prozess nicht unnötig zu verlangsamen. Dabei soll das Empowerment eine wichtige Rolle spielen (Niermann & Schmutte, 2017, S. 90). Bodo Müller könnte durch gezieltes Brainstorming und Befragungen herausfinden, welche Widerstände oder Verständigungsdefizite bestehen und darauf eingehen und zusammen mit in der Koalition Lösungen dafür suchen.

6. Schnelle bedeutende Erfolge zelebrieren

Da der Weg zum Erreichen des großen Zieles oft lang und bisweilen beschwerlich sein kann ist es wichtig auch die kleinen Erfolge auf dem Weg dahin zu würdigen und auch mit den Mitarbeitern zusammen zu feiern. Dies muss Bodo Müller in seinem Plan berücksichtigen und dem Management verständlich machen. Die gefassten Ziele sind ab besten schnell realisierbar und innerhalb von drei bis vier Monaten umsetzbar (Niermann & Schmutte, 2017, S. 90).

7. Nie nachlassen, immer weiter lernen, nicht zu früh den Sieg ausrufen

Bodo Müller und sein Team müssen dafür sorgen, dass die Dringlichkeit, auf die zu Beginn aufmerksam gemacht wurde, weiterhin bestehen bleibt und nicht im Zuge der Zeit in Vergessenheit gerät. Die Visionen und Ziele müssen weiterhin präsent sein (Niermann

& Schmutte, 2017, S. 90-91). Dies könnte er zum Beispiel erreichen, indem bei jedem Meeting zum Start ein kurzer zusammenfassender Rückblick gegeben wird, bei dem diese Grundfesten immer wieder aufgegriffen werden.

8. Strategischen Wandel in der Unternehmenskultur institutionalisieren

„Am Ende eines jeden Change-Prozesses müssen die erreichten Veränderungen im Unternehmen verankert werden" (Niermann & Schmutte, 2017, S. 91). Bodo Müller und sein Team müssen dafür Sorge tragen, dass die Veränderungen in die Unternehmenskultur der Gesundheits- und Medizintechnik AG übergehen und in den Werten und Normen des Unternehmens präsent und aussagekräftig formuliert bzw. ersichtlich sind.

3 Strategieimplementierung

3.1 Durchsetzung

Die Durchsetzungsaufgabe der Strategieimplementierung setzt sich zusammen aus den folgenden drei Maßnahmen: Vermittlung der Strategie, Einweisung und Schulung, Schaffung eines strategiebezogenen Konsenses (Welge, Al-Laham, & Eulerich, 2017, S. 827). Diese sollten Bodo Müller bzw. die Gesundheits- und Medizintechnik AG während dieser Phase umsetzen.

Vermittlung der Strategie

Mitarbeiter müssen frühzeitig Informationen erhalten, um die Ziele und Inhalte der Strategie zu kennen und sich damit auseinandersetzten zu können. Dieser Schritt im Kommunikationsprozess ist sehr wichtig, da es bei Nichtgelingen der Informationsweitergabe zu Akzeptanzproblemen kommen kann. Sollten Qualifikationsdefizite bestehen können gezielte Schulungen Abhilfe schaffen. Die Vermittlung der Strategie hilft demzufolge Barrieren und Widerstände nicht erst entstehen zu lassen oder sie aufzudecken (Welge, Al-Laham, & Eulerich, 2017, S. 828).

Einweisung und Schulung

Die Strategieimplementierung ist als ein komplexer Prozess des Wandels zu verstehen und bedarf bei den Mitarbeitern und Führungskräften angepasste Entscheidungen und Handlungen. Daraus ergibt sich für die Mitarbeiter eines Unternehmens ein Lern- und Schulungsbedarf, der in der Personalpolitik Berücksichtigung finden muss. Dabei müssen die unterschiedlichen Spezialisierungen berücksichtigt und entsprechend geschult werden, um die nötige Qualifikation zu erzielen. Durch diesen Qualifizierungs- und Lernprozess können wiederum Unsicherheiten und Skepsis ausgemerzt werden und die Mitarbeitermotivation positiv beeinflussen und die Bereitschaft der Mitarbeiter stärken, die den Strategiewandel tragen (Welge, Al-Laham, & Eulerich, 2017, S. 828-829).

Schaffung eines strategiebezogenen Konsenses

Im Rahmen der Strategieumsetzung entstehen häufig Konflikte zwischen den verschiedenen Hierarchien, sei es nun auf gleicher Ebene oder auf unterschiedlicher Ebene. Gegeben ist dies durch die entstehende Veränderung des Machtgefüges. Konflikte können z.B. Zielkonflikte, Durchsetzungskonflikte oder Verteilungskonflikte sein. Um diese zu lösen, benötigt ein Unternehmen ein gut funktionierendes Konfliktmanagement, da ansonsten im schlimmsten Fall das Scheitern des Wandels erfolgt. Neben diesem Konfliktmanagement ist auch der Implementierungsstil ausschlaggebend für Erfolg oder Misserfolg, wobei ein partizipativer Ansatz eher zum gewünschten Ergebnis führt (Welge, Al-Laham, & Eulerich, 2017, S. 829).

3.2 Umsetzung

Die Umsetzung als Phase der Strategieimplementierung ist im Gegensatz zur Durchsetzung sachorientiert. Sie setzt sich zusammen aus der Konkretisierung der Strategie und der Ausrichtung sämtlicher Erfolgsfaktoren auf die Strategie (Welge, Al-Laham, & Eulerich, 2017, S. 816). Folgende Aufgaben sind in der Umsetzungsphase verortet und sollten durch Bodo Müller sowie die Gesundheits- und Medizintechnik AG umgesetzt werden:

Transformation

Sie hat die Aufgabe klar definierte Maßnahmen festzulegen. Darin definiert sind die Kosten- und Ressourcenschätzungen, Festlegungen von Verantwortlichkeiten und Ansprechpartnern, Angaben über eine konkreten Start- und Endtermin, sowie eine Formulierung der Ziele nach Inhalt, Ausmaß und Zeitumfang. Innerhalb dieser Maßnahmen sollen klare Prioritäten und Fristen gesetzt sein, um einen Gesamtüberblick über das Projekt zu erhalten. Dabei können sich jedoch folgende Fehler einschleichen, die es durch Bodo Müller und sein Team zu vermeiden gilt:

- Alles sofort erledigen wollen: Prioritäten müssen richtig und klar gesetzt sein.

- Zu wenig Zeit einplanen: Neben ausreichend Zeit für die einzelnen Teilschritte muss auch an einen zeitlichen Puffer für Verzögerungen gedacht werden.

- Immer die gleichen Verantwortlichen: Wenn immer die gleichen Personen bei Problemen angesprochen werden, können diese schnell überlastet sein und sich überfordert fühlen, was die Umsetzung des Projektes gefährdet. Daher sollten die Aufgaben auf mehrere Ansprechpartner gleichermaßen verteilt werden (Haake & Seiler, 2012, S. 117 ff.).

Anpassung der Unternehmenspotentiale

Bei dieser Aufgabe der Umsetzungsphase werden die Organisationsstruktur, die Unternehmenskultur, Managementsysteme (Kreikebaum, Gilbert, & Behnam, 2018, S. 178-188), sowie Personal- und Führungskräftepotentiale an die zuvor formulierte Strategie angepasst (Venzin, Rasner, & Mahnke, 2010, S. 223-227). Die Anpassung der Organisationsstruktur bedeutet für die Gesundheits- und Medizintechnik AG sich der neuen definierten Strategie anzupassen, was nicht nur die Marketing-Strategie betrifft, sondern auch die Aufgabenverteilung innerhalb des Unternehmens.

Motivierung

Haake und Seiler (2012, S.125) zeigen auf, dass es während der Strategieimplementierung häufig zu Problemen und zu Rückschlägen kommen kann. Diese wiederum sorgen für Unzufriedenheit und Unmotiviertheit seitens der Mitarbeiter. Laut Raps (2017, S.36-40) gibt es vier verschiedenen Implementierungstaktiken: die Überzeugung, die Intervention, den Erlass und die Partizipation. Die dabei erfolgversprechendste ist seiner Meinung nach die der Intervention, gefolgt von der Partizipation. Im Gegensatz dazu sieht er in der Erlasstaktik die am wenigsten effektive Variante, da sie durch Anordnungen der führenden Hierarchieebene gekennzeichnet ist und der Mitarbeiter als gehorsamer Ausführender verstanden wird. Bodo Müller und die Gesundheits- und Medizintechnik AG sollten sich also daran orientieren die Interventionstaktik und die Partizipation zur Motivierung ihrer Mitarbeiter heranzuziehen und ihnen im Transformationsprozess einen ausgewählten Manager an die Seite zu stellen, der während der gesamten Zeit die Verantwortung übernimmt und die Bereiche koordiniert, leitet und überwacht. Er wird laut Raps (2017) zum Change Agent, „der wesentliche Schritte des strategischen Prozesses übernimmt und für auftretende soziale und politische Fragestellungen verantwortlich ist" (S.37).

4   Balanced Scorecard

Eine Balanced Scorecard (BSC) stellt ein Werkzeug der strategischen und operativen Vertriebsführung dar und „unterteilt die Strategie eines Unternehmens in quantifizierbare Ziele und stellt dann mithilfe von Messgrößen fest, ob diese Ziele erreicht werden" (Russell-Walling, 2011, S. 8). Sie „identifiziert die strategischen Geschäftstreiber und unterstützt das Management bei der strategischen Steuerung des Unternehmens" (Niermann & Schmutte, 2017, S. 265). Dabei berücksichtigt die BSC die vier Kennzahlen Finanzperspektive, Prozessperspektive, Kundenperspektive und die Lern- und Entwicklungsperspektive. Diese sind für den zukünftigen Leistungserfolg des Unternehmens ausschlaggebend.

4.1 Ursache-Wirkungskette

Die Abbildung wurde aus urheberrechtlichen Gründen von der Redaktion entfernt.

Abbildung 1: Ursache-Wirkungskette der Gesundheits- und Medizintechnik AG (In Anlehnung an https://www.philippbenz.com/blog/balanced-scorecard-bsc-und-ursache-wirkungsm dell-praxisbeispiel/)

Ausgangspunkt der unternehmerischen Aktivitäten der Gesundheits- und Medizintechnik AG stellet deren Vision dar und die Strategie diese zu verwirklichen. Dabei spielen Kennzahlen, auch als „Geschäftstreiber" (Niermann & Schmutte, 2017, S. 264) bezeichnet.   , eine wichtige Rolle für den Unternehmenserfolg. Diese Erfolgsfaktoren werden verschiedenen Perspektiven zugeordnet und sind langfristige, wie auch kurzfristige Kennzahlen eines Unternehmens. Sie sollen den langfristigen Erfolg garantieren und unterstützen das Management in der Steuerung des Unternehmens (Niermann & Schmutte, 2017, S. 265). In Abbildung 1 werden die fünf Perspektiven der Gesundheits- und Medizintechnik AG und dessen Ursache-Wirkungskette dargelegt.

4.2 Festlegung Ziele, Kennzahlen, Vorgaben und Maßnahmen

Basierend auf der zuvor unter 4.1 dargestellten Ursache-Wirkungskette sind in Tabelle 2 für jede der fünf Perspektiven je ein Ziel, eine Kennzahl, eine Vorgabe und eine konkrete Maßnahme erfasst.

Tabelle 2: Ziele, Kennzahlen, Vorgaben und Maßnahmen der Gesundheits- und Medizintechnik AG (modifiziert nach Dillerup & Stoi, 2013, S. 387)

Perspektive	Ziel	Kennzahl	Vorgabe	Maßnahme
Finanzperspektive	Umsatz steigern	Umsatz in %	25% Umsatz-steigerung zum Vorjahr	Kundenbindung durch höhere Kundenzufriedenheit als Ergebnis der angepassten Marketingstrategie, der Optimierung des Service und der Steigerung der Produktqualität
Kundenperspektive	Response-Rate erhöhen	Response-Quote in %	10% Steigerung im nächsten Jahr	In dem der Kundenfokus angepasst wird und die Marketingstrategie optimiert wird mit Blick auf die C-Level Adressaten
Interne Prozessperspektive	Produktqualität steigern	Ausfallquote in %	Minimierung der Ausfallquote um 50% zum Vorjahr	Auswertung der Beschwerden durch Produktausfall mit zugehöriger Problemdefinition, Anpassen der problematischen Produkteigenschaften bzw. Optimierung der Produkte
Personalperspektive	Steigerung der Mitarbeitermotivation	Mitarbeiterbefragungswerte	85 Indexwerte in den nächsten 2 Jahren	Mitarbeiterbefragung, Feedbacksysteme überarbeiten
Lern- und Entwicklungsperspektive	Mitarbeiter schulen	Summe der Schulungen	Mindestens 2 zertifizierte Schulungen pro Mitarbeiter pro Jahr	Das Schulungsportfolio anpassen an die Qualifikation und Spezialisierung der Mitarbeiter und deren Aufgaben, externe Zusammenarbeit mit zertifiziertem Anbieter

5   Unternehmensethik

„Als wissenschaftliche Disziplin befasst sich die Unternehmensethik mit den moralischen Werten und Normen von Führungskräften und Unternehmen. Sie reflektiert insbesondere die normativen Bedingungen unternehmerischen Handelns und deren Legitimation" (Thommen, Achleitner, Gilbert, Hachmeister, & Kaiser, 2017, S. 562).

5.1 Praxisbeispiel

Abgas-Betrugsprozess gegen VW- Führungskräfte

Mit der Einführung von Dieselpartikelfiltern hat VW (Volkswagen) die Motoren ihrer Dieselfahrzeuge in den USA (United States of America) als ‚sauberer als sauber' beworben, während gleichzeitig gute Verbrauchswerte erzielt würden (Yerak & Karp, 2015). Das entsprach jedoch nicht der Wahrheit, denn tatsächlich hat VW eine Abschalteinrichtung eingebaut, die es erlaubt, während eines Abgastest, die in den USA geforderten Werte bei niedrigem Verbrauch und vorschriftsmäßige Stickoxidemissionen zu erzielen (US-Justizministerium, 2016). Darin verwickelt waren neben Ingenieuren auch zahlreiche Führungskräfte verschiedener Niederlassungen unter anderem in den USA, Deutschland, Frankreich, Spanien, Belgien und Italien. In diesen Ländern, in denen diese Abschalteinrichtung ebenfalls verbaut und die Autos verkauft wurden, sind zahlreiche Anklagen erhoben wurden, unter anderem wegen mutwilliger Manipulation, Betrug und Verstoß gegen Aktienrecht (Breitinger, 2018).

5.2 Unternehmenswerte

Das Unternehmen Volkswagen setzt sich sieben Konzerngrundsätze, die als Wertefundament und Grundlage der Unternehmenskultur gelten sollen.

Tabelle 3: Konzerngrundsätze/ Werte der VW AG (AG, Volkswagen, 2021) (eigene Darstellung)

Werte/Grundsätze	Inhalt
1. Verantwortung	Wir sind Teil der Gesellschaft. Wir übernehmen soziale Verantwortung. Wir achten auf die Umweltverträglichkeit unserer Produkte und Prozesse und verbessern sie. Jeden Tag.
2. Aufrichtigkeit	Wir tun das Richtige aus innerer Überzeugung. Auch wenn keiner hinsieht. Wir haben keine Angst vor Hierarchien und sagen offen unsere Meinung. Wir hören einander zu und finden gemeinsam die beste Lösung.
3. Mut	Wir sind mutig. Innovativ. Erfinder. Macher. Wir lassen los und denken neu. Wir gestalten die Mobilität von morgen.
4. Vielfalt	Wir sind bunt. Unterschiedlich. Einzigartig. Teil des Ganzen. Wir sind offen. Für andere Denkweisen. Für neue Erfahrungen und Lösungen. Wir begegnen uns mit Respekt. Auf Augenhöhe.
5. Stolz	Wir stehen für nachhaltige Produkte und Qualität. Wir leisten einen wichtigen Beitrag zum Unternehmenserfolg. Mit Leidenschaft. Aus Überzeugung. Wirkungsvoll. Wir sind stolz auf das, was wir tun und wie wir es tun.
6. Zusammenhalt	Wir arbeiten zusammen. Vorbehaltlos und unkompliziert. Weltweit. Wir sind Brückenbauer. Keine Schrankenwärter. Gemeinsam unschlagbar. Wir stehen füreinander ein. Wir sind ein Team.
7. Zuverlässigkeit	Auf uns kann man sich verlassen. Wir tun was wir sagen. Und sagen was wir tun. Aufrichtig. Ehrlich. Was wir versprechen, das halten wir. Wir gewinnen verlorenes Vertrauen zurück.

5.3 Wertebruch

Der Abgasskandal von VW ist dahingehend verwerflich, da Sie ihre Grundfesten verraten haben und nicht nur ihre Konzerngrundsätze verletzten, sondern auch ihren Ruf und die Marke VW weiter stark schädigten. Sie haben jedoch nicht nur sich selbst geschädigt, sondern auch die Verbraucher ihrer gekauften Autos, was für das Unternehmen selbst im Nachgang durch etwaige Gerichtsurteile und Vergleiche einen enormen finanziellen Schaden verursacht hat. Die verantwortlichen Führungskräfte traten daraufhin zurück oder wurden zu mehrjährigen Haftstrafen verurteilt (Breitinger, 2018).

5.4 Konsequenzen

Das nicht-wertekonforme Verhalten der Führungskräfte von VW und den dafür beauftragten Ingenieuren hatte folgende Konsequenzen:

Interne Stakeholder:

- Der ehemalige leitende VW-Manager in den USA Oliver Schmidt, zuständig für Umweltfragen, wird zu einer Gefängnisstrafe von 7 Jahren Haft und einer Geldstrafe von 400.000€ verurteilt (ARD-aktuell / tagesschau.de, 2017).
- 30.000 Stellen sollen bis 2023 gestrichen werden, davon 23.000 in Deutschland (ZEIT ONLINE GmbH, 2016)

Externe Stakeholder:

- Prozesskosten für Rechtschutzversicherer steigen immer noch weiter an, da die Kunden ihre Rechtschutzversicherung in Anspruch nehmen, um eventuelle Ansprüche bei Autoherstellern wegen mutmaßlicher manipulierter Abgaswerte geltend zu machen (ARD-aktuell / tagesschau.de, 2021).
- Einbruch des Börsenwertes des Unternehmens und damit der Unternehmensaktien, was wiederum finanziellen Verlust für private Anleger bedeutete (Sommerfeldt & Zschäpitz, 2015).

6 Literaturverzeichnis

AG, Volkswagen. (2021). *Das Wertefundament des Konzerns*. Abgerufen am 13. 12 2021 von https://www.volkswagenag.com/de/group/volkswagen-group-essentials.html

ARD-aktuell / tagesschau.de. (6. 12 2017). *tagesschau*. Abgerufen am 18. 12 2021 von https://www.tagesschau.de/suche2.html?page_number=1&query=Abgasskandal&sor t_by=score&dnav_type=

ARD-aktuell / tagesschau.de. (19. 11 2021). *tagesschau*. Abgerufen am 18. 12 2021 von https://www.tagesschau.de/wirtschaft/finanzen/dieselskandal-abgasskandal-rechtsschutz-versicherung-conti-101.html

Breitinger, M. (21. 9 2018). *ZEIT ONLINE*. Abgerufen am 18. 12 2021 von https://web.archive.org/web/20181108100850/http://www.zeit.de/wirtschaft/diesel-skandal-volkswagen-abgase

Dillerup, R., & Stoi, R. (2013). *Unternehmensführung* (Bd. 4. Auflage). München: Vahlen.

Eckert, R. (2018). *Intelligente Echtzeitunternehmen im digitalen Hyperwettbewerb - Multiple Geschäftsmodelle – Hybride Organisationsmodelle - Vernetzte Ökosysteme .* Wiesbaden: Springer Gabler.

Haake, K., & Seiler, W. (2012). *Strategie-Workshop. In fünf Schritten zur erfolgreichen Unternehmensstrategie* (Bd. 2. überarbeitete Auflage). Stuttgart: Schäffer-Poeschel.

Kotter, J. P. (2015). Die Kraft der zwei Systeme. *Harvard Buisness Manager*(Spezial), 80-93.

Kreikebaum, H., Gilbert, D. U., & Behnam, M. (2018). *Strategisches management* (Bd. 8. überarbeitete Auflage). Stuttgart: Kohlhammer.

Lauer, T. (2019). *Change Management ; Grundlagen und Erfolgsfaktoren* (Bd. 3. überarbeitete Auflage). Berlin: Springer Gabler.

Muchna, C. (2019). *Aspekte des Innovations- und Changemanagements; Ein Theorie-Praxis-Transfer.* (C. Muchna, Hrsg.) Wiesbaden: Springer Gabler.

Niermann, P. F.-J., & Schmutte, A. M. (2017). *Managemententscheidungen Methoden, Handlungsempfehlungen, Best Practices* (Bd. 2. Auflage). Wiesbaden: Springer Gabler.

Rauch, N. A. (2016). *Die 7 Disziplinen im Sales-Management - Eine Anleitung für nachhaltige Kunden- und Geschäftsentwicklung im Vertrieb.* Wiesbaden: Springer Gabler.

Russell-Walling, E. (2011). *50 Schlüsselideen - Management*. Heidelberg: Spekrtum - Akademischer Verlag.

Sommerfeldt, N., & Zschäpitz, H. (21. 09 2015). *WELT*. Abgerufen am 18. 12 2021 von WELT: https://www.welt.de/wirtschaft/article146646993/16-Milliarden-die-teuerste-Dummheit-der-VW-Geschichte.html

Thommen, J.-P., Achleitner, A.-K., Gilbert, D. U., Hachmeister, D., & Kaiser, G. (2017). *Allgemeine Betriebswirtschaftslehre - Umfassende Einführung aus managementorientierter Sicht* (Bd. 8. Auflage). Wiesbaden: Springer Gabler.

US-Justizministerium. (9. 9 2016). *The Unitet States Department of Justice*. Abgerufen am 15. 12 2021 von https://www.justice.gov/opa/pr/volkswagen-engineer-pleads-guilty-his-role-conspiracy-cheat-us-emissions-tests

Venzin, M., Rasner, C., & Mahnke, V. (2010). *Der Strategieprozess - Praxishandbuch zur Umsetzung im Unternehmen* (Bd. 2. erweiterte Auflage). Frankfurt am Main: Campus Verlag GmbH.

Welge, M. K., Al-Laham, A., & Eulerich, M. (2017). *Strategisches Management ; Grundlagen - Prozess - Implementierung* (Bd. 7. Auflage). Wiesbaden: Springer Gabler.

Yerak, B., & Karp, G. (21. 9 2015). *Chicago Tribune*. (C. Tribune, Herausgeber) Abgerufen am 15. 12 2021 von https://www.chicagotribune.com/business/ct-volkswagen-owners-0921-biz-20150921-story.html

ZEIT ONLINE GmbH. (18. 11 2016). *ZEIT ONLINE*. Abgerufen am 18. 12 2021 von https://web.archive.org/web/20161120062747/http://www.zeit.de/wirtschaft/unternehmen/2016-11/volkswagen-stellenabbau-deutschland-zukunftspakt

7 Abbildungs- und Tabellenverzeichnis

7.1 Abbildungsverzeichnis

7.2 Tabellenverzeichnis